Meus 27

Djanete da Silva Alves

ISBN 9798831815597

Design da capa por: Pintor de arte
Número de controle da Biblioteca do Congresso: 2018675309

Impresso nos Estados Unidos da América

Sumário

Escadas que pulo com dois pés

1. Salmoura

Como num espelho sem reflexo
Olho o olho e não vejo nada
Como num esmorecer pelada
Em dor perco entorpeço sexo

Em um salto o impacto berra
Moléculas dançam à retina
Dedos tocam vazios, neblinas
Fugidia corretiva sem si erra

O inspirar é um desatar nós
Expirar - emergir um pântano
Atroz que desavisa tânatos

Em prantos formigam os dedos
Em peles sem insetos os medos
Suturo cortes fundos - encantos.

2. Insônia

Leva-me, Morpheu, num abraço
Põe minha cabeça em teu peito
Leva minha alma pelo espaço
Pois és meu amante eleito.

Em tuas asas deito e viajo
Pelos ares ou por multiversos
Imóvel deitada eu não reajo
À voz que me sussurra versos.

Nos meus sonhos há mais vida
Do que nesta tragédia frígida
Que resta se a máscara cair?

Teus dedos baixam meus cílios
Teu toque – pétalas de lírios
Lembro que te tenho ao dormir.

3. Si Do

A mão não pode prender o sentir
O tempo efêmero, dá e retira
Numa nuance que logo espira
A nuvem neblina teu cabelo aqui.

Tua face é como areia do mar
Ela esvai-se entre meus dedos
Embora agora ainda seja cedo
Sei que o instante irá te levar.

E enquanto a lua sorri para mim
As nuvens revelam o céu por fim
Às deusas esconde em segredo

As tuas notas vibram compassadas
Rente à fumaça bailante, ritmada
E o deus Tempo rouba-te sem medo.

4. A fera saúda

Nos teus braços posso sentir,
O tempo a me acariciar
A pele não permite mentir,
Arrepios põem-se a denunciar.

As gotas esvaem-se no vento
Caem, estouram no chão
Suor - chuva num momento
Refletem as luzes - trovão.

Teu cheiro - efêmero - passa
Como cores de mordidas
Há quanto tempo me abraças?

Nessas auroras enegrecidas
Presas ou garras esparsas
Não eternizam nossas vidas.

5. Soneto ao crepúsculo

O escorpião salta e paira no ar
Enquanto o Sol some, se esconde
Numa tela gradiente - horizonte
Ante ao céu, pictórico, a esfriar.

O liame do olho reflete, disforme
Espectros de nuvens, bichos pitorescos.
Fagulhas piscam, como arabescos
Anunciam o Vazio, que não dorme.

A brisa da Noite enlaça-me forte
Num abraço dadaista me arrepia
A pele sedenta de vida e de norte

Baila com as nuvens, no céu, vazia
Agora que o Sol pranteia sua morte,
A lua surge na tela que fora o dia.

6. Ponte

O Ponteiro, num salto assassino
Pula, como um sapo, a fugir
Corta o ar e dança, o bailarino
No infinito que some ao surgir.

Na ponte, na rua que não estás
Teus braços se abrem, acalento
Em sonhos, em vidas, estarás
Como o ponteiro, em movimento.

Eu paro e olho e canto e não
Eu sinto, bagunço, aqui não estou
Desritmado até meu coração

Trôpego - estamos tolos em vão
Na pista, no palco - Não vôo.
Como o ponteiro pula sem chão?

7. Pinguim

pinguim, por que me olhas assim?
com pupila petrolífera - movediça?
o gelo tanto queima, quanto m'eriça.
penetras no pior e melhor de mim

de mãos dados deslizamos no gelo
a um oceano infinito - profundo
flutuando entre e por outros mundos
com asas de sonho, ave sem pelo.

cantas, amas, olha: me encante
e num passo de dança, te cheiro
pó de estrelas reluzem num instante

pela estrada que pisa o cavalheiro
desliza, de cartola, o pinguim infante
e me toma, pela alma, sorrateiro.

8. Pó

Ando, desfragmento-me agora
esfarelo-me rente ao vazio...
Até desapareço se fantasio
em paredes-prisão: a Aurora.

Transcendo de forma perigosa
pelos ares, céus e pensamentos
origem de pó: sou fragmentos
de estrelas, ou, de nebulosas?

e, antes de retornar ao infinito
inspiro ao vazio que me emana
Já alertava Lorca, sobre a iguana

se levo sua mordida doo um grito
liberdadessonho - pra que evito
se somos o pó que usa João Pestana?

9. Sussurros do subsolo

em memória de mim eu canto
em memória de mim eu lato
em memórias assim um santo
entre Mórias e fins eu mato.

por veredas e matas me perco
sob verdes arcas e Atlas flutuo
fragmentos de totens: estercos
Grifos presos em selas: cultuo.

digitais de dedos bailantes
marcam e desenham sem tinta
ares, linhas e vestes extintas

presentes passados instantes
de deuses e demônios infantes
imploram que eu lata e minta!

Degraus em cantos encantam ouvi

10. Cara couraça

a carapaça eu não evito
ela anestesia vias e veias
passam aves e mosquitos
olhos trêmulos, esquisitos
e a tudo sigo alheia.

sinto o sal e terra - santos!
a brisa branda sussurra
cânticos, silêncios, prantos
o vazio, por todo canto,
não grita: urra!

embora outro eu se desloque
a intensidade ainda atordoa
permito os mais sutis toques
mas ondas vêm como choques
e sinto! por mais que doa.

as peças vêm se hiberno
a armadura dessa persona
sufoca monstros internos
me camufla dos externos
e se tudo viesse à tona?

retornaria intumescida!
mas eu me enlaço em acalento
com linhas fortes, coloridas
costuro cada ferida
e da dor eu não me isento.

Eu danço. sou o ponteiro da ponte!
canto e sinto cada rima
a imensidão do horizonte
afaga e eleva-me a fronte
o chão é belo, cá de cima.

de olhos bem fechados
observo os monstros meus
por oceanos afogados
são cadáveres enlodados
o lodo e eles são: eu?!

11. Quintilhas de uma tecelã

~se fechar os olhos vais ver
a tecelã ao relento sentada
criatura criada ao tecer
perfurada por si ao temer
ser aí, onde foi atirada...~

tem um nó no meu peito alojado
que me impede de respirar direito
espinha seguro segundo sufocado
num ralo entupido um lodo ilhado
num fosso garganta sem jeito.

tufos de cabelos ásperos embolam
densas cores tamanhos... engasgo
puxo os fios, pelo chão eles rolam
como o feno que os ventos sopram
linhas agulhas costuram meus rasgos.

a ponta mordida da língua perdida
o dente balança em forquilha de céu
escapa baba alma intumescida
um sopro grunhido gangrena ferida
tempero de língua amarga o fel.

em ânsia regurgito minha essência
em ânsia rumino meus medos
de joelhos estudo loucas ciências
me lambuzo e vomito evidências
o sangue e a bile fingem segredos.

prioridades vaidades de asas
prioridades que utilizam cortinas
prioridades escondidas em casa
me priorizam numa piscina rasa
sob a luz da aurora retina.

uma fina camada de lodo aparece
deslizante deslizo, mas não caio
uma lágrima rolante resplandece
caminhos distintos na face ela tece
fonte pupila me afasta em soslaio.

as veias dum olho saltam a mim
esculpem um vírus vivo hospício
a hipnose em pêndulos de fim
utiliza a ilusão de ótica botequim
balança o enforcado finado início.

espasmos trêmulos reverberam eus
campanha garganta destoa destila
feto posição corpal alheio aos seus
Eco e Narciso em pranto por Deus
presos reflexos qual espelho cintila.

sou uma bola de pelos cansada
um ramster preso no ciclo gaiola
sou o tecido à lã sendo costurada
sou a tecelã que engole entalada
o cano de lã e a ponta pistola.

ouro bobo de preciosas vidas
agulhas finas punturas me picam
mãos que estouram minhas feridas
tecem me pintam sonhos suicidas
engulo por fim o que elas fabricam.

12. Quintilha de prece

um anjo torto me segue
e me sinto protegida
mesmo que eu negue
ele permite que sossegue
uma inflamada ferida.

se em sonho piso na borda
ou tropeço e quase caio
me enlaça e não me acorda
me enforco com muita corda
atuemos neste ensaio.

como num passo de dança
giro meus pés e braços
meu anjo não descansa
no meu destino se lança
e me toma num abraço.

suspiros sussurram sonhos
simbiose mistura o olhar
"dancemos assim tristonhos
minhas lágrimas disponho
esse piso todo molhar".

vejo a Lua no horizonte
espalhando seu reflexo
pelo piso de defronte
sob água ante o monte
sinto o anjo perplexo.

"as minhas são diamantes
nelas podemos tropeçar
me nego neste instante
tornar-me um petulante
e esta dança cessar."

o cenário Universo
enfeita cada passada
em translação disperso
constelações em versos
"queria dançar parada".

em segredo lhe digo
e ele abre suas asas
"deus tempo mendigo
que tu leves consigo
os segundos para casa...

acompanho está donzela
por céleres dimensões.
muitas Terras paralelas
foram nossas passarelas
sobrevoei constelações

procurando e a encontrei.
peço, impede ou para
das físicas, todas as leis
extingue todos os reis
não sei... só não nos separa..."

"como podes fazer isso?"
interropo sua oração
"ao pensar em tal feitiço
todos meus pêlos eriço
e partes meu coração."

afasto-o por um momento
e sinto frio e dor
recuso tais sentimentos
após ter conhecimento
que ambos sentimos amor.

"bailaríamos eternamente"
pomo-nos a rodopiar

as estrelas subitamente
viram pequenas sementes
e enraízam pelo ar

racham as dimensões
e o mar escorre ao céu.
deuses de todas religiões
perguntam pelos panteões
"quem ousa romper o véu?"

percebo que um oceano
rodeia-me e me abraça
vejo meu anjo insano
arrependido do profano
pedido: "que desgraça!"

o Tempo compõe um trágico
cômico feitiço e orquestra
o caos e como um mágico
usa varinha-ponteiro enfático
como se fosse chave mestra

extingue o véu horizonte
não existe mais gravidade
a linha que era ponte
por onde remava Caronte
eternamente se invade.

deuses nos olham, enciumados
Ganesha, Tupã, Odim, Zeus...
tantos... e nós dois abraçados
em meio ao caos estrelado,
desejam ser ele ou eu.

energia experienciando dançar
sentir brisa ou tempestade
escolheram aqui nos lançar
para um pedido balançar

ego, orgulho e vaidade.

o Tempo não foi punido
seria uma insanidade.
cochicharam em seu ouvido
"atendeste tal pedido
com toda esta idade...

nos resta reordenar
o caos e banir os mortais
onde possam dançar
sem precisar desmantelar
todos os nossos portais."

todos riam, menos nós
menos o Tempo e Tupã
enquanto organizavam os sóis
ficamos nós quatro a sós
e eu tentava continuar sã.

"eu podia fazer pior"
dizia o Tempo enraivecido
"e eu farei muito melhor
e ninguém vai virar pó"
gritou Tupã, convencido.

abriu os braços e as mãos
deixou nelas um espaço oco
sugou toda constelação
que compunha nosso chão
e paramos dentro de um coco.

13. Redes

vazia, como uma caixa vazia
profunda, como um saco preto
vomito aqui minhas agonias
alimentando cada fantasia
expondo meus eus perfeitos.

matando tempo mato a sorte
respingo sentimento empata
exibo qualidades em corte
corações são o pilar suporte
segundo não gasto, mata.

intensa: quase eterno retorno
subo cada degrau da escada
sem aceitar qualquer suborno
pura, honesta, olho em torno
de mim e não vejo nada.

perfeita com um filtro rosado
revelo e enalteço meus dias
a um deus pixel pontilhado
dá vida a um Eu fragmentado
fico e revelo minh'alma vazia.

se fujo percebo que irei sumir
quanto o polegar aguentaria?
abstinente sinto que irei cair
ao invés de novamente sair
fico e exibo minh'alma vazia.

14. Ciclos

antepassados ~ quem inventou a semana?

Um novo ciclo é esperado
Um amanhecer deslumbrante
E o sol surge no espetáculo
Fastando nuvens com seus tentáculos
Clareando a madrugada infante.

Em êxtase o homem é graça, é gratidão
E se deslumbra com seus caminhos
Possíveis laços, estradas e vãos
efêmeros, intensos, formam, transformação
empurram de penhascos passarinhos.

Na queda uma doce brisa acalenta
Quanto mais alto sinto, mais fundo toco
Quanto mais alto sonho, mais a viagem é lenta
Mais e mais sinto onda intensas
Destoo cânticos e me invoco.

O mormaço neblina às três da tarde
E se caio suo quente, gotas frias
a nuvem se dirige rápida, com alarde
Teme ser decalcada como verdade
Teme a justiça que o machado afia.

Depois de ser encandeado por raios
Limpo a vista e observo sem estranheza
Labuta c luta de quem enche balaio
Sustento a batalha, sempre que caio
e reflito ante a grande beleza.

Sento-me no chão, na sombra da jurema
Olho o céu e vejo o brilho das folhas
Descalço descasco escalo problemas

A imensidão me invade, por mais que eu trema
A alma é acolhida antes que encolha.

Os galhos rodopiam e se entrelaçam
Raízes invadem, profundezas suturam
superfícies de universos que transpassam
As flores que dançam, ramos enlaçam
Saram feridas e de vermes curam.

Crepúsculo intenso e a solidão
Hora há nuvens, hora desmancho
Isolado de mim, cá sem botão
O céu destoa em seu coração
vazios que pouco a muito, lancho.

Sabiamente, pelo fio do caos me guio
Que expõe escolhas sempre indiferente
Nos observa com um olhar fugidio
Paciente se expande, esguio
Sempre em frente, infinitamente.

Sempre enfrente, infinitamente
Os obstáculos, os tentáculos ressurgem
Sombras contrastam rente a lente
de um eu por trás do poente
Ante um céu, cor de ferrugem.

15. Antopofágica

"cavei fundo com as mãos
sem usar pá ou picareta
tamanduá, tatu ou cão?
suja de terra ali no chão
entortava-me numa careta.

melada de sangue e terra
chorava nuvens de dor
gotas salmoras em guerra
pranto fetal de quem berra
quem vive e mata de amor.

óleo sobre tinta em tela
e o tom da noite escuro
meu olho inunda sequela
o buraco o fosso a sela
em tons de preto misturo.

sete passos foram contados
sete anos são tão sentidos
sete prantos sete pecados
sete palmos grãos cadeados
palmos passados vividos.

espalhei semente de grama
sob a tumba que eu fizera
apaguei do peito a chama
segui a vida sendo dama
após enterrar tal fera.

lágrimas teimavam em descer
voltei da tumba com um cisco
ansiava senti-lo desaparecer

que me sinto padecer
cada vez que eu pisco.

há pedaços meus enterrados
há pedaços dele faltando
pois atendi ao seu chamado
após ter em sonho contado
que em vão vivia vagando.

sétimo dia e os sete passos
sete palmos e não encontrei
seu olhar, o cheiro devasso
seu abraço, seus finos traços
do amor a quem vivi e matei.

tentei guarda-lo em mim
levei seus restos numa chita
fritei seu fígado, um rim
atropofágica do nosso fim
e virei a sua cripta.

por isso vim aqui revelar
que ele e eu somos um só
por isso parem de procurar
por isso parem de incomodar.
é isso. é só isso. é só..."

fui presa e invadiram a casa
nosso lar de amor e contaram
a sete passos: a tumba rasa
a sete palmos: Ambar vaza
planejei e assim encontraram.

estarei livre em janeiro
pensam que você morreu...
aprendi um andar matreiro

te vejo ao sair desse chiqueiro
assina, tua amada, eu.

16. Fantasma

Essa noite, enquanto eu dormia
Ouvi alguns passos descalços
De olhos fechados sentia
Uma presença que me aturdia
E aos poucos diminuía o espaço.

Imóvel, deitada e coberta
Ouvia-o adentrar minha casa
Caminhando calmamente, sem pressa
Fique presa ao meu medo e alerta
Seria fantasma ou um anjo sem asa?

Os seus pés descalços chiavam
Ele passou da cozinha a sala
Quanto mais próximo, mais meus olhos fechavam
Mais e mais minhas veias pulsavam
Ou o coro que meu medo empala.

Foi quando fastou a cortina
Foi quando adentrou no meu quarto
Foi quando observou a menina
Sentiu-me narina, rente a narina
Alimentou-se de medo, sem prato.

Passaram-se segundos, minutos, horas
E criei quantas teorias?
"Se fingir que durmo, irá embora"
"Sem pranto! Fantasma gosta de quem chora"
De ar meu peito mal enchia.

Então senti-o afastar ou levantar
E permanecer ao lado da cama
Aos poucos tentei normalizar o respirar
Tentei não mais me arrepiar

Com o fantasma que me olha como quem ama.

Ele apenas levantou
E passou-se mais quanto tempo?
Sinto que por trás das pálpebras olhou
Enxergou minha alma, minha dor
E foi embora, lento.

Voltou mais quantos dias?
E o que fazia ali?
Sinto seu olhar de harpia
Sinto sua carcaça vazia
Encher-se de mim e partir.

EU ponto em tom eu conto e somo e sumo e
sou nuances transcender e emergir e desvanecer

17. Maria

passando por riba da serra
no giro da venta e do poente
dona Maria se senta no batente
curia as nuvem, o céu e a terra
seus oim esconde seu lema
o pé de Jurema potrege a gente
ou é nós que potrege a Jurema?

sei que deus raciou dona Maria
com bicho e pranta do sertão
lhe deu as asas do gavião
que ela usa durante o dia
pra buscar o cumê e voar
tora o céu quando sai do chão
segue pranando feito o Carcará.

de noite faz um frio da peste
suas asa é o que esquenta os bruguelo
na calçada, que é seu castelo
com o manto do céu ela se veste
os pêlo vira espim se ela se arrupiá
e dixero que nenhum martelo
pode entortar ou até arrancar.

com o bico ela assubia
pra chamar os cachorro ou o vento
embala as alma, que tão ao relento
chega o assobi, depois a melodia.
o canto das sereia num se compara
num escapa anjo, nem os rebento
fecha os ói e escuta! Repara...!

dona Maria tem até umas garra
que nem as do tamanduá
pra se defender ou para lutar

ela se dana com toda sua marra
tora os inimigo sem um pingo de friscura
pra cum a morte sua fome matar
e fazer dos resto no terreiro uma escultura.

Mas ela vem ganhando outros puder
já num assubia, num voa, num caça...
acredita que nem fome ela passa?
parece que já num nasce pra sufrer
tem lei que potrege ela, hoje em dia.
Chamar de deusa, minimiza e embassa
ar luta diária de cada dona Maria!

sem a poesia eu não sou eu. sem a imaginação
eu não existo. revelo a cada espaço branco
todas as eus que não estão aqui.

18. Fases lunares

Nova encontrava-se perdida.
Há muito sumia, inconsequente
sentia-se a Lua, que comumente
é, por todos, a noite esquecida.
Afundou no seu vazio, aturdida.
Uma encruzilhada então surgiu
à ela, cada caminho refletiu
outras três faces da Lua
cada uma era uma fase sua
que Hécate, sem dó, exibiu.

Três Luas, sem olhos, reluziam
das quatro: um vazio selvagem.
A Cheia era uma miragem
que todas elas conheciam
e sem graça, se contorciam
ao notarem-se es-vazia(r).
Minguante transcende o Ansiar
Anciã em eterna incompletude
sorrindo, a todos ilude
pondo seu sofrer num altar.

Crescente é o Sentimento
empata, vibra a frequência
de cada uma e em essência
absorve seus conhecimentos.
Hécate, conduz um julgamento
guiando Nova, entorpecida
pela encruzilhada de suas vidas.
E, a lua Nova percebeu as dores
das três faces e os horrores
pela pele de Hécate, frígida.

Calmamente Nyx retira seu manto
que mágico sentimento produz

aos poucos, conforme surge a luz
do recomeço sem fim e, o encanto
esmorece junto à Nova, em pranto
enquanto Sol enxuga a neblina.
Cada um perpetua sua sina
no caos constante: o Universo
Revisitando os Eus submersos
em cada dia, a Noite fascina.

19. Décimas de uma semi-lua

se sopras nuvens condensadas
teus lábios delineiam constelações
transbordam num mar de sensações
incólumes palavras a-luz(ci)nadas.
por Mercúrio eu sou embalada,
entro em sua nau de pensamentos
agarro o irreal, nesse momento
e um eco transcende meu sentir.
A névoa sussurra-me: podes cair
e quebrar-te em mil fragmentos.

a teia do horóscopo enlaça-me
com 12 deuses cheios de símbolos
num tempo de gregorio - frívolo.
o 13 é a Morte que abraça-me
a gadanha, do ouroboro, afasta-me
e um ciclo místico não termina
os deuses perpetuam nossa sina?
astronomos e astrólogos dançam
pelas galáxias, em redes balançam
na imensidão que amedronta e fascina.

ao descer do navio, num instante
percebo que ele é a semi-lua do céu
que conduziu-me por escarcéus.
Sinto meus passos cambaleantes
denunciando meus eus infantes
aos gêmeos ou a Mercúrio, o deus
que meus sentidos não eram meus
minha armadura fora quebrada
quando por Mercurio fui embalada.
Agora, seu silêncio grita: adeus. ��

20. Pirata

Transpondo planos de trânsitos estrelares
perdigotos em cenas fantasmagóricas
evidenciam minhas fraquezas caóticas...
bocejos e murmuros soltos aos ares
reviram a nau que desgoverno pelos mares
e o casco intransponível do inconsciente
contraria meus desejos e fico dormente
observando-me pairar como perdigoto
encalhada numa ressaca rente ao porto
sem saber se fico ou sigo em frente.

Oceanos refletem minha covardia.
revivo e reviro velas a contragosto
o orgulho destina ao desgosto oposto
obstante um canto de sereia me guia
"Saia, antes que inicie a antropofagia
antes que devorem cada pedaço teu
antes que a ilha despedace teus eus
antes que a ressaca não te deixes sair
antes que prefiras eternamente cair
ouve e segue os conselhos meus..."

Volto a navegar em transe, calma
pistas de jóias enterradas me fascinam
enquanto meus silêncios alucinam
remexem nos tesouros de minh'alma
leio os destinos da pirata e sua palma
revela que cada segundo é esmeralda
cravejada por brandas marteladas
desde que começou a bater seu coração
encharcada após cada respiração
seguro e canto orações peroladas.

"quantas almas me restam?" entôo assim:
"de tapa olho, a perna oca é a direita

um gancho é a mão esquerda, a espreita
a procura de um sim, de um fim
a procura de ti, a procura de mim
as tempestades nos embalam, calmas
nuvens trovejam e molham, pasmas
o mapa tem um xis que não desaparece
é o tesouro que sempre permanece
é o destino desse navio fantasma."

Ouço as ondas quebrarem o casco
o vento assobia e balança as velas
o mormaço do sal seca sequelas
baloiçam meus medos e sinto asco
o barqueiro Caronte é meu carrasco
vomito ao perceber que ele sou eu
um eu que há passados se perdeu
também sou sereia, nau desgovernada
tempestade, poesia desritimada
velejo com uma eu que não morreu.

Remo, empurro os segundos que tenho
enfio tesouros em baús e enterro
preciosidades em ilhas e encerro
a aventura, adio o fim, com empenho.
Frente ao brilho do luar eu venho
navegar e naufragar meu torpor
sucumbi ao meu desprezo pela dor
belos eus são fechados com ferrolho
os eus frágeis escorrem pelo olho
gota que tua língua sente o sabor.

Sou qual mar um perdigoto nada?
Uma onda um pedaço de imensidão
Ode flutuante esmorecida. Trovão.
Uma espada? Uma pirata enjaulada?
Sou um pedaço de carne pendurada
num buraco sem olho que pisca

sou as digitais da garra e a isca
o casco da nau é coração partido
"quanto mais profundo, menos sentido"
sentenciou aquele que me petisca.

Uma defunta é levada encaixotada
veste branco como se fosse casar
de olhos fechados é erguida pelo ar
num baú, seu navio, sua morada
vira tesouro e numa ilha é enterrada.
Bocejos a sugam de boca aberta
intensamente a expulsam e plana liberta
descansa a pirata, vira tesouro
inerte aguarda o futuro vindouro
unir-se ao pó que virou sua coberta.

25.01.22

21. Décimas para ler de olhos fechados

tristemente, olhava o céu
mentia pra me proteger
sentia o vazio me preencher
frio como o espaço e cruel
cada pupila minha era pincel
que na tela presente usava
se com ódio me apaixonava
por algo que destoa a essência
meu sangue foge, com excelência
substituindo por gelo a lava.

então subi a mais alta campina
sentindo sentimentos fúteis
nas veias fracas e inúteis
supliquei por trocar as finas
por artérias com morfinas.
foi quando algum semideus
metade da súplica atendeu
substituiu todas minhas veias
por enguias brancas e feias
e meu peito nunca mais doeu.

mas minha cabeça fora arrancada
trocada por um polvo imenso
se tinha sentimento intenso
cada parte era eletrocutada
pelas enguias atordoadas.
Cada braço uma asa virou
ardem em brasa, a cada vôo
deixam um rastro colorido
faiscam prantos esquecidos
não o que fui nem quem sou.

com quatro olhos vejo tudo
ao meu redor e mais distante

há sempre um vazio constante
que eu uso como um escudo
sem nenhuma boca, fiquei mudo
com oito braço sinto demais
cheiros me invadem como jamais
aconteceu com algum coitado
inspiro meu coração chamuscado
expiro como quem espera paz.

o deus acha graça da quimera
que de súbito pôs no mundo
num ardor mais que profundo
sinto saudade de quem eu era
suplico para não ser mais fera
o deus solta uma gargalhada
fere meu corpo com mil espadas
e o sangue circula novamente
nesta carcaça que, subitamente,
estancou antes da escalada.

do meu lado, um corvo cantou
olhou meus olhos e minh'alma
refletiu meu futuro com calma
me mostrou como seria e o que sou
recobrei o presente, pós um enjôo
retornei da campina aos prantos
sentindo a cabeça no seu canto
sentindo que tinha um coração
sentindo o sangue nas minhas mãos
sentindo cada sentimento santo.

Poemas pássaros poemas riachos poemas mar poemas universo poemas gotas de chuva caindo a tarde frente ao sol fixo.

22. Delírio subverso

Como ouvir o silêncio

se inquieta chacoalho meus vazios?

entreolho entalhes efeitos

figuro e cintilo cores contrastes e esfumaço um espirar enquanto me esvazio.

chacoalho vazios enquanto a taça sua cheia

e meus olhos brilham pelas luzes que os rodeiam

gestos de reflexos em corpos e árvores dançam nus em pelos pela melodia e inundam ondas desaguadas em poços profundos infindos.

experiências despertam emoções

espeto corações e como.

um banho de água gelada pela manhã resfria o corpo como uma bala de hortelã resfria o hálito e me impede de dormir.

chacoalho vazios e sinos aos ares

sinto estática tambores no peito que rufam e rufam e rufam...

orquestra, maestro, tons.

instrumentos que valsam enquanto musicistas tocam e dedilham cordas

personas trocam

fantoches dançam

humana que plana no próprio umbigo e se atira

retiro

refiro às feridas abertas das costas que carregam a cruz do lado direto

o som da ponta da cruz que é arrastada pela terra seca

firo

prefiro cura

inquieta chacoalho meus vazios

maestra da orquestra do meu existir, sigo em pranto, sigo em riso, sigo ao contrário, ressignifico, quando canso, fico, fixo um ponto, me equilibro na corda que um musicista dedilha, bambeio, e hoje não caí.

23. Semétrica

supapo de sapo assustado
pitaco de grito entalado
estremece calos e sonhos
ondas em cantos disponho
espirro suspiro bocejo grito
desisto resisto assisto insisto
quais ilusões emoções falsas
quedas de almas descalças
calças escalam montanhas
cela de vela me estranha
expulsa empurra não vôo
não nado não corro enjôo
ouço oco louco silencio
silêncio estático vivencio
pisca estrela seta de céu
planeta colméia sem mel
eu sem mim ego sem id
outrem vidas outras decide
cidade vazia desnivela
passos cacos em vielas
instrumentos em sons luar
pombos parapeitos voar
coretos bancos afastados
prantos cheiro molhado
saudade botinas casaco
luvas sorriso olhar em caco
fumaço masso presente
envodko passado vidente
asas de fodas em caldas
fugas destroços em laudas
garrafas em cartas no mar
nua desvendo se remar
crua revelo flutuo e tusso

cravo caveira sem pulso
baila em punho sem sorte
qual norte emigrante sem porte
destruo cruz crua socorro
cupim sem fim corrói e morro
e vivo e sonho esfumaço
quais eus perdidas enlaço
quais tus quais vós ser voz
cala calos enfados atroz.

24. Des-Ode para quem eu não sou

I

A musculação deixa os músculos doloridos,
os leves tremores nas pernas, o seio entumecido,
os movimentos involuntários.
cada passo na escada
é uma dor bem diferente da que sinto na alma.
e para umas lágrimas nenhum esforço é páreo
mais livres que eu, somem, brilham, calmas.
Engulo pequenas secreções durante o dia respiro fundo.
À noite ranjo os dentes, fungo
volto a ter pesadelos.
Impotente, procuro distrações
Leio contos, estudo história, química, ouço novos sons.
Meus olhos marejados têm uma leve dormência como se não
aguentassem mais e mais outra lágrima cai.
Terapia, terapia... na pia outro pingo estoura.
Minha mão trêmula não se sustenta estática.
Será a omissão ou a indiferença ou a apatia apática?
As lembranças, as memórias, os sons
minha mente prega peças, meus olhos sem dons
me iludem e temo o que não existe.

II

Abro a boca e o petróleo me invade
como combustível
viro fumaça
toma-me pelos ares e retira a gravidade
flutuo em meio ao nada,
sem cor,
sem vida,
Evidencio minha essência comum, isolada
Frígida, fingida, meio flutuante
viro lágrima
Olhos me choram

línguas me provam
mãos me secam
E em meio a nada volto a flutuar
toco as estrelas, sozinha no ar
a lua me olha com indiferença e ao perceber minha sentença
esconde-se com seu manto escuro.
sinto inveja dela sem ser notada e passo a odiá-la.
Com meu pranto, faço chover, desmancho-me, volto a ser lágrima.
E caindo de novo sou secada por uma página e sumo.
nenhuma onda me perturba
no vazio infinito sou a única a existir
mas meus fantasmas também vieram me visitar aqui.
Começo a contar
todo o meu dia rememorar
e uma aranha põe-se a costurar
uma teia que me prende
não consigo sair.

III

Ah inferno!
Penso e despenco, me despenteio, choro, rezo, conto
Há que ponto me ponho, que estática me olho querendo afinal ser
a aranha?
Mas sou pó de estrela que vive na terra
e com um sopro ou dois me desmancho no ar
sem ter a mesma vista que tinha de lá
Sou devaneio sem forma, sem jeito, sem rima.
Paro.
olho o céu
Vejo as gotas do sereno na minha teia a brilhar
Elas refletem o brilho da lua
das luzes dos postes
o brilho do que nunca foi dito
Tornam-se minhas pérolas costuradas e brilhantes
na minha teia linda e flutuante
no espaço e pelo tempo que não são meus...
Mas querer ser uma aranha não me torna uma.

Sou um inseto, não tenho escama ou pluma
Na teia presa sou sugada
livre: estapeada, envenenada, eletrocutada.
Sou um inseto que luta para existir e que ninguém quer para cuidar
Como tantos seres inúteis que têm mimo de sobra.
E quantos sonham ser eu
Kafka, o Velho chinês, O Mosca, tu...
Se fossem quereriam ser outrem.

IV

Pisco os olhos rápido, com força
Tento atravessá-los mas entalo na fresta da íris
O espaço é demasiado pequeno.
Não há nada que eu possa fazer senão esperar
ou rodar minha cabeça no chão até minha alma trôpega sair
a desvendar e viajar pelo mundo que o portal da minh'alma mostrar.
Quem sabe se lá
depois do portal
eu não encontre outra eu
do jeito que eu sempre quis
que não prantei e não engula o que não diz.
Que cumpra as metas
acorde cedo
não precise beber pra sentir-se feliz
em lugares em momentos com pessoas sozinha
Equilíbrio: é meu ovo.
Meu testículo não existe
Indolor, incolor, meio termo, vazio.
Terapia, terapia, terapia.
minha pele arrepia ao pensar nela
a outra eu.
A mão dela não treme e seus dentes são perfeitos
entende de química, história, dos presidentes já eleitos
rima perfeito
declama, canta, toca, ri, desenha, luta, chora.

Não sou eu.

V

Com uma corda no pescoço caminho na corda bamba
ninguém vê nem sente
pois uso a corda como laço no cabelo
ele é preto com bolinhas vermelhas
e a corda que me equilibro, meio salto alto
meio bota
meio chinelo
meio salto baixo.
Qual o cheiro da morte?
Deve ter cheiro de coração afobado
de carro sem freio
de mandíbula forçando um silêncio que não devia existir
ou de uma boca abrindo-se num grito alto demais.
deve ter cheiro de sussurro ou gemido
deve ter cheiro de adrenalina.
de gás que vaza
e de voo de urubu.
Mas a morte precisa de espetáculo para ser lembrada
inconscientemente
ela está sempre ao nosso lado
nos esperando com suas mãos gélidas
e olhos calmos.

VIII

Aflita sou vagão de trem hoje
metrô amanhã
avião depois de amanhã
carrinho de brinquedo depois
carrinho de bate-bate ontem
bicicleta ante ontem
e um dia serei caixão.
Enquanto isso, o ventilador me mostra uma forma
não, uma fórmula
de entreter meus devaneios e fantasmas que me sussurram tudo
isso antes de dormir

ele deve estar um pouco alto
não o suficiente para aumentar minha insônia
e não pode estar virado pra minha garganta
as amigdalas sempre me foram problema
ele deve estar parado
virado para os pés
ou para a parede
Hélices azuis, vermelhas, cinzas, brancas
brandas.
O que os surdos escutam antes de dormir?
o que os cegos veem antes de morrer?
não consigo parar de rememorar algo que não devia existir.
Sou uma máquina
com um código
com propósito?
Sou o que estou onde aqui
o que me forma e desenforma sem fórmula pronta.
Atirada no absurdo instante sem arma carma ou na lama
Me lambuzo.

25. Agnóstico diagnosticado: Delirious

E, em meio a um delírio ou devaneio, assim me delineio entre linhas e súplicas.

Com todos meus sentidos a mil e com essa lua gigante lá fora, eu tenho que ficar aqui dentro... Por quê? Pode ser por que não haja tal liberdade ou libertinagem ou libertinação...

Eu talvez dever-me-ia pôr em meu lugar e dormir em paz sem que nenhum pensamento me aturdisse o espírito e me desenterrasse do que de fato sou ou daquilo que há muito deixei de ser... E de que vale? Não ser nada e nem me sentir assim?

E sabes todos esses latidos, ou miados de gatos? Tiram-me o juízo e deixam-me injuriado. Como se eu devesse está lá fora, mas cá estou, a procura de sono, de sensatez e de vida.

Dá-me um resquício daquilo que há nos céus e que deixa os astros presos, sem motivo algum para descer!

Tudo isso não passa de distração. As luzes em palmeiras mostram tantas outras luzes, refletem claridades que não existem, são coisas que não importam de casas e de céus de ninguém.

Não há diferença entre uma verdade e uma mentira, são palavras apenas. Tudo é uma questão de perspectiva e o que sinto, vejo e ouço só existe para mim.

A sua verdade como percepção nunca será a minha.

Então, tirem de perto esses tagarelas que tanto falam desconexamente! Perco tanto tempo a ouvi-los, a olhá-los e fingir que me importo com os perdigotos cuspidos sem parar, sem sentido, sem motivo, sem sentidos... Mas não tem ninguém aqui. E por enquanto não quero que tenha. Já ouviu o olhar de alguém que está bem em frente e finge se importar? Já sentiu perguntas prontas, respostas fingidas, incompletas, difusas, confusas? Pensamentos inventados em meio a uma mente conturbada?

Quero ouvir meus passos pela cidade deserta, pela floresta obscura, pela areia úmida. Quero tirar-me de minha cabeça para que tudo faça sentido, para que eu perca meus sentidos e algo de útil aconteça. A vida há de tirar o furacão que há no meu peito e os insetos em meu estômago. Minhas mãos hão de parar de tremer e suar quando eu encontrar o que tanto me perturba, e, sem pressa, quero resolver tudo antes de partir.

Essas vozes e barulho que ecoam a todo tempo, mesmo fazendo silêncio lá fora, um dia findarão e poderei sossegar e dormir em paz.

Há mais verdade no não sentir, pois ele não muda. Eco é som, som é onda... Surf.

A intensidade do sol me embaça a visão, e a escuridão em excesso também.

O silêncio que não finda, mas que não passa de falta de barulho, sufoca as palavras que aos poucos viram balbucio.

Esses grilos também não cooperam, nem as mariposas e besouros... Há tanto que desconheço.

Maldito cigarro, que transforma esse vazio do ar em obra de arte, ousa utilizar a fumaça que sai pela boca e se esvai rente ao vazio de tudo.

Putas puritanas que me fazem sentir vivo logo que acaba meu tempo que no fundo não acaba, não sem antes me sentir mal e querer fugir de toda esta realidade fingida, em que as pessoas correm em círculos, mas não o percebem.

Basta-me tudo, inclusive essa ausência de sentido na vida, essa falta de respostas para perguntas retóricas, essa falta de luz em olhos que não mais abrirão.

E se tenho ânsia em certas ocasiões, frente a pessoas ou momentos ou imagens ou sons, pode ser sem motivo lógico.

Posso ter uma defesa própria e irracional para expulsar aquilo que me é indigesto.

Se ao invés de engolir, vomitasse tudo que não me desce, talvez não me sufocasse tanto.

Há um ciclo in-finito, assim como quando uma aranha se prepara para atacar e degustar sua presa. Ela embala a comida como se fosse um presente aos deuses que a aprisionaram naquele estado de "sempre teia, sempre perfeição, mas sempre temida, sempre feia..." Maldita Atena!

Quão doidos são aqueles que pensam não terem dúvidas e saberem de tudo, por conhecerem de cabo a rabo um ou dois tipos de mitologias ou ideologias? Sabem trechos de livros e poemas renomados, que repetem *ao relento, aos oito ventos, como preces... Perdigotos voam alto e longe, e o que há de mais belo no silêncio é destruído por uma voz promíscua que tenta enaltecer-se sem sentir o pranto e o sangue dos mortos.*

E qual universo se preocuparia com palavras que contêm dor e vazios? Talvez nenhum.

Quando eu deito na planície e o horizonte é meu chão, consigo está no meio das constelações e sentir meteoros passarem por mim, a rede de estrelas me embala e sinto paz.

O que seria necessário para sentir isso dentro do mar?

Não há drogas que anestesiam a falta de sentido no descompasso de meu caminhar, e cada passo dói tanto quanto uma nota desafinada que faz o ouvido sangrar.

Por isso que teimo em ficar parado, em flutuar sem me mexer, falar sem palavras e em deixar ir. Permaneço tendo o universo como templo e não me acho digno em alterar o que quer que seja.

Mover-se não é inato. O ventre que nos expulsa.

26. Antes

antes que eu precise trocar de corpo e emborcar o copo
e ficar absorto
antes que eu grite poemas a fui
antes que suma
e sue e durma e trema boceje
cânticos a fio
contos sem graça
piadas sem nexo
gestos sem rima
cinquenta sem trema
antes que sonhe caindo ou com medo
antes que acorde cedo sem entender
nuvens neblinam figuram desejos
o indicador mouse decalca
eu anoiteço descalça
antes que aponte verrugas de céu com meus dedos estrela
antes que fungue no pescoço errado um perfume ruim
antes que eu desmorone enquanto me escalam
antes que caiam
antes que eu te dê minha razão
embrulhada num estômago de borboleta
sem efeito de filme conexo sem hífen
antes do cabo sair pelo cano e o tiro ficar
e da pólvora suja de mão
e da mão suja de polvo
antes de eu sugar minhas vidas em fitas com um lápis a rebobinar
e queimar as fitas memórias dês ordens numa chama rápida...
bem antes do último lampejo do meu juízo se apagar
que o eterno retorno invada e me dane um banho de água gelada
destroce meus ses meus niilismos desmiolados
antes que eu esfarele e retorne ao nada
ouço meus eus e chamo monstros, anjos, quimeras, princesas e
sereias para dançar

o caos é o palco para um punhado de carne, ossos e fios performar.

27. Apocalipse

umas quantas torres despencaram
vidas escalam nuvens e laçam
sem corda pescoços penhascos
cheiros sentidos de intuir
"o que é o amor?"
pergunta o cavaleiro montado num polvo
sem olhos e sem nariz
veste trevas e espanta as estrelas que lhe pousam
o chão racha com a mesma intensidade que meu coração é partido
com suas unhas afiadas como navalha
enferrujadas
inflamo e em poucos minutos há pus sendo bombeado pelas
artérias
as árvores queimam tombam e os pássaros não têm onde pousar
voam e caem na lava que a tudo consome e brota da terra como um
furacão
gotas de sonhos evaporam
transpiramos vidas, cegos
"o que é o amor?"
pergunta o cavaleiro montado num cavaleiro sem cabeça
e seu chicote ecoa no céu um grito de dor
o meu
raios de sangue grudam pálpebras sem sono
lágrimas em pó
o cavaleiro espetou minha língua com aço quente
e eu não senti nada
cactos florescem vulcões
eu rastejo e vejo restos de almas
quem se entrega ganha asas e despedaça outras almas com as
próprias mãos
comem os olhos dos que olham
o barulho é um estalo de explosão
transvestem corpos nus com ácido

chamuscados e mordidos e vivos
"você já viu alguém morrer de amor?"
pergunta um cavaleiro montado numa sela
seus olhos faiscantes me invadem e permanecemos
o que sustenta sua sela além do vazio?
eu lato de cabeça erguida
dependurada sangro
vejo o contrário piso o céu e estou perto
minhas raízes são veias sem sangue
o olhar do cavaleiro me enforcou
o amei por não precisar usar as mãos
o passado e o futuro são um laço
apertado não respiro direito
giro e quais magos não usam lança
quais pardais não usam asas
quais eus sabem cair?
descruzo os pés
estalo a língua em carne viva
esmoreço
uns quantos comprimidos comprimem o espírito
"a intensidade do amor é a mesma da dor"
sussurra um cavaleiro e arranca meu coração
olha-o por todos os ângulos ele ainda pulsa
o cavaleiro veste nuvens de tempestade
com face disforme borrão
montado num cavalo preto alado
ele lambe meu coração e diz que tenho um bom sabor
joga-o fora e me toma pela mão
voamos em direção ao mar que ferve
um cheiro podre tomado pela morte insuportável
fico com o estômago embrulhado
o cavalo alado golpeia o vento e voa mais alto
o cavaleiro me entrega as rédeas e chove.

Made in the USA
Middletown, DE
30 May 2022